ALLER AU CŒUR DE LA FOI

Le présent ouvrage appartient à la collection « Documents d'Église » qui est dirigée par le Secrétariat général de la Conférence des évêques de France.

Conception graphique et réalisation : Élisabeth Hebert

3, rue Bayard, 75008 Paris

29, bd de la Tour-Maubourg, 75340 Paris

15-27, rue de Moussorgski, 75018 Paris

ISBN (Bayard) : 2-227-47254-5
ISBN (Cerf) : 2-204-07204-4
ISBN (Fleurus-Mame) : 2-7289-1092-8

ALLER AU CŒUR DE LA FOI

Questions d'avenir pour la catéchèse

Un document de la Commission épiscopale de la catéchèse et du catéchuménat

Mgr Michel Dubost, président
Mgr Michel Mouïsse, Mgr Jean-Louis Papin, Mgr André Fort,
Mgr Marcel Herriot, Mgr Jean-Claude Boulanger,
Mgr Bernard Barsi, Mgr Christophe Dufour

Secrétaires : Mgr André Dupleix
P. Jean-Claude Reichert

Bayard / Cerf / Fleurus-Mame
2003

SOMMAIRE

Préface

Le concile Vatican II a souligné que le souci de la catéchèse est une des responsabilités première des évêques.

« Les évêques veilleront à ce que l'enseignement catéchétique, dont le but est de rendre chez les hommes la foi vivante, explicite et active, en l'éclairant par la doctrine, soit transmis avec un soin attentif aux enfants et aux adolescents, aux jeunes et même aux adultes [...] Cet enseignement sera fondé sur la Sainte Écriture, la Tradition, la liturgie, le magistère et la vie de l'Église. »

Christus Dominus, 14

Conscients de leur responsabilité, les évêques de France ont, lors des Assemblées de leur Conférence de novembre 2001 et 2002, fait un point sur la catéchèse en France et décidé d'ouvrir un « chantier » pour que toutes les communautés et tous les chrétiens prennent davantage conscience de leur responsabilité en ce domaine. Comment notre monde pourrait-il découvrir le Christ sans que chacun ne l'annonce et le lui fasse connaître ?

Le document que voici a pour but d'aider à cette prise de conscience ainsi qu'à partager les dons que l'Esprit Saint a faits aux Églises particulières en suscitant des expériences nouvelles en bien des endroits.

La responsabilité de la catéchèse est celle de l'évêque local. Ce qui est présenté ici n'a pas d'autre objectif que d'être un outil mis à la disposition des Églises locales, directement pour le travail qu'il faut susciter sur place ou indirectement en faisant connaître ce qui se passe ailleurs.

Le chantier est immense. Il est important. Annoncer l'Évangile aujourd'hui suppose d'accueillir ce que l'Esprit dit à notre Église… Que ce document nous y aide.

+ Jean-Pierre Ricard
Archevêque de Bordeaux
Président de la Conférence des évêques de France

I

Lettre au peuple de Dieu

Aller au cœur de la foi

Appel à renouveler la pratique de la catéchèse en France

Les évêques réunis en Assemblée plénière adressent aujourd'hui cette lettre à l'ensemble du peuple de Dieu, pour inviter tous ceux qui le voudront à s'engager dans une réflexion en vue de renouveler notre pratique de la catéchèse en France.

La démarche

Avant de décider ce qu'il conviendra de faire, et avant de choisir les moyens pour le faire, nous sommes persuadés qu'il nous faut aller ensemble, les uns avec les autres, au cœur de la foi. Pour guider cette démarche, nous avons fait le choix d'aller à ce cœur tel que la veillée pascale nous le fait vivre chaque année.

En nous faisant traverser la nuit pascale, cette célébration replonge en effet nos existences dans ce qui fait notre commune vocation : former ensemble un peuple de disciples qui marchent derrière leur Seigneur. Disciples, nous ne le sommes jamais une fois pour toutes. Nous le devenons sans cesse avec la force de l'Esprit. En disant « non » à tout ce qui nous en empêche, nous choisissons de suivre le Christ mort et ressuscité. Chaque fois que nous célébrons la veillée pascale, c'est dans cette dynamique baptismale que nos existences sont plongées.

Les raisons d'un choix

En proposant de nous laisser conduire ainsi, nous pensons que l'occasion nous est offerte de prolonger le souffle de la *Lettre aux catholiques de France.* Comment « former une Église qui propose la foi » si nous ne revenons pas nous-mêmes à ce qui nous fait tenir dans la vie en croyants ? Mais, en même temps, comment inscrire la catéchèse dans la responsabilité que nous avons tous de « proposer la foi dans la société actuelle » ?

Un appel est aujourd'hui lancé : quand nous tâtonnons dans la nuit, où est la lumière qui nous donnera des raisons de vivre ? Où trouverons-nous le courage de nous aventurer dans l'existence, surtout quand elle est dure ? Qui nous aidera à prendre notre place parmi les autres ?...

Longtemps, l'activité catéchétique s'est préoccupée des croyants. Elle travaillait à structurer leur foi. Lorsque l'environnement s'est fait hostile ou critique, nous avons dû justifier notre foi, la rendre crédible. Aujourd'hui, frappent à la porte des personnes qui cherchent un chemin possible. De l'Évangile ils attendent une force de renouvellement pour l'existence. La catéchèse doit alors se préoccuper de ce que des hommes et des femmes puissent se tenir dans la vie en croyants, en leur donnant d'ouvrir le livre de la Parole de Dieu et d'aller à l'Eucharistie comme à une source.

C'est dire le lien vivant et vivifiant qu'il doit y avoir entre la catéchèse et la liturgie d'une part, entre la catéchèse et l'ensemble de la communauté croyante d'autre part.

Dans les jeunes Églises, c'est tout naturellement que la nuit pascale est le point culminant de l'année, la première des fêtes. Cette nuit-là, au terme des quarante jours de Carême, après avoir traversé la célébration de la Croix, les communautés chrétiennes se rassemblent pour le baptême des nouveaux croyants. Mais la célébration qui les rassemble les enracine elle-même dans le compagnonnage avec le Christ mort et ressuscité.

Dans nos « vieilles » chrétientés, nous ne pourrons sans doute répondre aux défis posés à la catéchèse que si nous nous replongeons dans la nouveauté qu'apporte la foi chrétienne.

UN APPEL

Entrons ensemble dans la démarche, pour que soient remis sur nos lèvres les mots qui rendent compte de l'espérance qui est en nous, pour que nous posions les actes qui en témoigneront, pour qu'existent des communautés chrétiennes au sein desquelles on puisse l'expérimenter. C'est bien là, au cœur de ces communautés, que nous voulons replacer la catéchèse.

Bien sûr, il nous faudra imaginer des nouvelles idées, trouver de nouveaux rythmes pour la catéchèse, organiser de nouvelle manière notre pratique catéchétique. Sur ce plan, nous restons à la fois modestes, humbles et profondément heureux de constater la générosité et la créativité dont font preuve les personnes en charge de la catéchèse.

Mais déjà le dialogue est ouvert et le chemin de la recherche tracé. Les instruments fournis par la Commission épiscopale de la catéchèse et du catéchuménat pourront y aider utilement. Nous remercions dès à présent tous ceux et celles qui voudront y apporter leur contribution, nous écrire pour faire part de leurs réactions et suggestions, prendre le temps de l'échange, en un mot, devenir participants de ce dialogue.

Allons au cœur de la foi. Allons là où bat le cœur de nos communautés. Que les catéchistes tiennent bon dans la mission qui leur est confiée. Que tous les membres du peuple de Dieu prennent leur part de service et de responsabilité. « Allez, dit le Ressuscité. Allez, je suis avec vous tous les jours. » Allons, avec confiance.

Lourdes, le 8 novembre 2002

II

INVITATION AU CHEMIN

Lors de leur Assemblée de Lourdes 2002 les évêques ont écrit la lettre « au peuple de Dieu » que l'on vient de lire « pour inviter tous ceux qui le voudront à s'engager dans une réflexion en vue de renouveler notre pratique de la catéchèse en France ».

Cette même lettre annonçait que la Commission épiscopale de la catéchèse et du catéchuménat allait proposer des « instruments » pour alimenter le dialogue que les évêques se proposaient d'instituer.

Vous avez en main le premier de ces instruments.

1. POURQUOI FAUT-IL, EN FRANCE, « RENOUVELER NOTRE PRATIQUE DE LA CATÉCHÈSE » ?

En novembre 2001 – comme elle le fait régulièrement – l'Assemblée de la Conférence des évêques de France a entrepris de faire le point sur la catéchèse en France.

Il fut présenté, alors, une sorte « d'état des lieux » de la catéchèse en France. À maints égards, le bilan est apparu positif. Comment ne pas être admiratif du travail effectué par des dizaines de milliers de catéchistes dans toute la France ? Dans des conditions parfois difficiles, quelquefois sans soutien réel des communautés chrétiennes, s'adressant souvent à des enfants sans aucune connaissance apparente de la foi chrétienne, ils, et elles, donnent le meilleur d'eux-mêmes pour que soit assurée la « proposition de la foi ».

Pour faire face à la diminution des effectifs, au bouleversement des horaires, aux changements culturels, les catéchistes, eux-mêmes, demandent à emprunter de nouveaux chemins.

Constater la valeur de leur travail ne pouvait que rendre plus attentif à leurs requêtes et à leurs recherches.

De plus, les évêques ont pris acte de l'extrême diversité des demandes et des propositions actuelles dans le domaine de la catéchèse, que ce soit pour les très jeunes – dans ce que l'on appelle souvent l'éveil à la foi – ou pour les jeunes adultes – dans certaines préparations au mariage – et pour les adultes, qu'ils soient « catéchumènes » ou « recommençants ».

Là encore, il existe une véritable demande de repères pour avancer.

Dans leur lettre, les évêques décrivent ainsi cette nouvelle situation :

> *Longtemps, l'activité catéchétique s'est préoccupée des croyants. Elle travaillait à structurer leur foi. Lorsque l'environnement s'est fait hostile ou critique, nous avons dû justifier notre foi, la rendre crédible. Aujourd'hui, frappent à la porte des personnes qui cherchent un chemin possible. De l'Évangile, ils attendent une force de renouvellement pour l'existence. La catéchèse doit alors se préoccuper de ce que des hommes et des femmes puissent se tenir dans la vie en croyants, en leur donnant d'ouvrir le livre de la Parole de Dieu et d'aller à l'Eucharistie comme à une source.*

L'évidence s'est donc imposée de repenser la catéchèse en fonction des besoins d'aujourd'hui. Cette évidence rejoignait l'intuition des nombreux documents publiés depuis quelques années :

Le *Catéchisme pour adultes* des évêques de France (1991) présente la foi d'une manière adaptée à notre pays autour du thème de l'Alliance entre Dieu et les hommes.

Le *Catéchisme de l'Église catholique* (1992-1997) présente la doctrine et la vie chrétienne de manière systématique et organisée. Il donne de la catéchèse la définition suivante :

> *Très tôt on a appelé catéchèse l'ensemble des efforts entrepris dans l'Église pour faire des disciples, pour aider les hommes à croire que Jésus est le Fils de Dieu, afin que, par la foi, ils aient la vie en son nom, pour les éduquer et les instruire dans cette vie et construire ainsi le Corps du Christ.*
> *CEC, 4.*

Une lettre des évêques de France, *Proposer la foi dans la société actuelle*, invite les catholiques que nous sommes à comprendre notre situation dans la société actuelle et à accepter « sans hésiter, de nous situer comme catholiques, dans le contexte culturel et institutionnel d'aujourd'hui, marqué notamment par l'émergence de l'individualisme et par le principe de la laïcité ». Cette lettre est un véritable appel à relever le défi de l'évangélisation à notre époque.

Le *Directoire général pour la catéchèse* (publié à Rome en 1997) demande notamment de penser la catéchèse à partir de la catéchèse des adultes et rappelle les six tâches fondamentales de la catéchèse :

- Favoriser la connaissance de la foi.
- Apprendre à célébrer la présence du Christ dans les sacrements.
- Former à marcher à la suite du Christ, c'est-à-dire avoir les comportements du Christ, ce qui exige une conversion morale.
- Enseigner à prier.
- Éduquer à la vie communautaire.
- Éduquer à la mission.

2. Pourquoi lancer un appel aux communautés ?

Reprenant le travail qu'ils avaient amorcé l'année précédente, les évêques de France, lors de leur rencontre de novembre 2002, ont pensé que, pour répondre à cette nouvelle situation, il leur fallait appeler l'ensemble du peuple de Dieu, mais plus spécialement les groupes, les mouvements, les conseils, les aumôneries, les communautés à se saisir de la question.

Pourquoi lancer un appel aux communautés ?

Pourquoi ne pas se contenter de demander aux seuls catéchistes un nouvel effort d'adaptation ?

Par manque de confiance aux catéchistes ? Certes non ! Mais par conviction profonde ! Les difficultés actuelles sont largement méconnues des communautés, or il n'y a pas de bonne catéchèse sans lien avec une communauté. La foi n'est pas seulement une découverte d'un « savoir » sur le Christ… c'est une vie en Christ, une vie dans le Corps du Christ : seul l'amour des chrétiens réunis par l'Esprit annonce véritablement le Christ.

Le concile Vatican II affirmait pour les catéchumènes, ce qui est vrai pour tous les catéchisés :

> *Cette initiation chrétienne au cours du catéchuménat doit être l'œuvre non pas des seuls catéchistes ou des seuls prêtres, mais celle de toute la communauté des fidèles […] en sorte que, dès le début, les catéchumènes sentent qu'ils appartiennent au peuple de Dieu. La vie de l'Église étant apostolique, les catéchumènes doivent de même apprendre à coopérer activement par le témoignage de leur vie et la profession de leur foi à l'évangélisation et à la construction de l'Église.*
>
> *Ad Gentes, 14.*

Le défi est considérable : beaucoup de nos communautés ne placent pas la catéchèse au centre de leur vie. Ce défi peut apparaître à certains comme inutile ou, au contraire, trop onéreux ; il nous semble nécessaire de le relever dans ce monde où la foi n'est plus évidente : seul l'amour est digne de foi. Bien plus, placer la catéchèse au centre de la vie d'une communauté doit aider celle-ci à recentrer sa vie sur le mystère du Christ et de l'Église. Pour renouveler la catéchèse, il faut que nos communautés se renouvellent… il faut que toute l'Église, humblement, retourne à la source pour se laisser renouveler avec tous ceux qui cherchent et se posent des questions. La liturgie est, en particulier, le lieu où la communauté se laisse visiter par le Christ.

L'Eucharistie est la « source et le sommet de toute vie chrétienne » (Lumen Gentium, 11) et le déploiement de l'année liturgique, fête après fête, dimanche après dimanche, permet d'aller au cœur de la foi, au cœur du mystère pascal. À chaque eucharistie, le mystère pascal est annoncé, célébré et vécu puisque le Christ vivant s'y rencontre, pain pour la route, nourriture pour la foi, ciment pour l'unité de l'Église, force pour le témoignage et le don de soi.

L'Eucharistie est le fondement sur lequel s'appuient les trois tâches fondamentales de la communauté : la louange du Seigneur, le service des hommes et le témoignage de la foi. La catéchèse doit permettre à chaque catéchisé de trouver sa place de chrétien, d'être initié et de participer, à sa manière, à ces trois tâches.

La lettre des évêques le dit brièvement :
C'est dire le lien vivant et vivifiant qu'il doit y avoir entre la catéchèse et la liturgie d'une part, entre la catéchèse et l'ensemble de la communauté croyante d'autre part.

Mais en exprimant cette proposition d'une manière à peine différente, on perçoit mieux l'immensité du défi à relever : comment situer le dimanche, le jour du Seigneur, au cœur de la communauté chrétienne pour que cette communauté forme dans la foi et comment permettre aux catéchisés de découvrir les trésors de cette communauté ?

3. L'APPEL AUX COMMUNAUTÉS INVITE À PROPOSER UNE CATÉCHÈSE À TOUS LES ÂGES

Depuis quelques siècles, la catéchèse s'adressait aux enfants, les adultes étant supposés savoir ! Aujourd'hui, clairement, les besoins de formation catéchétique s'expriment à tous les âges.

> *Nous voulons ainsi parler d'abord des catéchumènes, mais aussi des recommençants, et plus largement encore de tous ceux et celles, jeunes et adultes, qui sont ou qui se révèlent progressivement en attente de quelque chose, qu'ils ne savent pas toujours nommer explicitement, mais qui peut conduire jusqu'à la découverte du Christ, de sa Parole, de ses sacrements et de son corps ecclésial.*
>
> *Proposer la foi dans la société actuelle, p. 75.*

De cette constatation deux conclusions peuvent être tirées.

- Il est important d'offrir des chemins catéchétiques adaptés à chaque âge.
- Il est important d'offrir des chemins catéchétiques différenciés, même pour des personnes d'âge semblable : il semble difficile de ne pas tenir compte du fait que certains enfants ont atteint une véritable maturité dans leur foi d'enfant, alors que des adultes sont encore « enfants dans la foi » (1 Co 3, 2). Il convient d'offrir à chacun un chemin adapté !

Proposer la foi dans la société actuelle ajoutait :

Nous sommes tous appelés, adultes et jeunes, à entrer dans ce dialogue vital par lequel nos questions humaines s'ouvrent à la Révélation de Dieu. L'Église qui propose la foi au Dieu de Jésus Christ doit sans cesse, et aujourd'hui plus qu'à d'autres époques relativement tranquilles, s'enraciner dans cette foi, et ne pas éviter les interpellations, ni même les épreuves, qui l'obligent à aller elle-même à la source de la foi, à en comprendre la nouveauté et à l'annoncer avec assurance.

Op. cit., p. 101.

Comment offrir ce dialogue vital à l'ensemble des catholiques ?

4. UN APPEL À ALLER PUISER À LA SOURCE

Dans leur lettre, les évêques déclarent :

Avant de décider ce qu'il conviendra de faire et avant de choisir les moyens pour le faire, nous sommes persuadés qu'il nous faut aller ensemble, les uns avec les autres, au cœur de la foi. Pour guider cette démarche, nous avons fait le choix d'aller à ce cœur tel que la veillée pascale nous le fait vivre, chaque année.

Les évêques demandent de prendre le temps de la prière, de la méditation et du dialogue avant de s'engager dans des réponses concrètes.

Mgr Ricard, président de la Conférence des évêques de France, en clôturant l'Assemblée en 2002, affirmait :

Ce défi, nous ne pourrons le relever qu'en invitant les communautés chrétiennes à prendre toujours davantage conscience du mystère de la foi qui les réunit : « La catéchèse naît de la profession de foi de l'Église et mène à la profession de foi du catéchumène et du catéchisé » (Directoire général catéchétique, n° 82). Les communautés chrétiennes sont appelées à être ces lieux où des enfants, des jeunes et des adultes sont accueillis, invités à entrer dans l'expérience chrétienne et engendrés dans la foi grâce à l'action de l'Esprit. Cela implique que ces communautés vivent en profondeur du mystère du Christ, qu'elles aillent au cœur de la foi. Comment ne pas inviter chaque catholique, chaque communauté à vivre pleinement cette expérience ? Comment ici ne pas appeler les paroisses, les mouvements, les aumôneries à prendre au sérieux l'appel qui leur est lancé à réfléchir à leurs responsabilités catéchétiques ?

Les évêques proposent, pour prendre davantage conscience du mystère de la foi, que ce chemin se fasse à partir de la vigile pascale. Bien entendu, bien d'autres chemins auraient pu être choisis. Pour autant, bien des raisons peuvent justifier de réfléchir à l'acte catéchétique en passant par le « détour » de la vigile pascale.

La vigile pascale est redevenue aujourd'hui ce qu'elle était aux origines de l'Église : le sommet de l'initiation chrétienne pour les adultes qui y sont baptisés, confirmés et qui y participent pour la première fois à l'Eucharistie.

La sainte Eucharistie contient tout le trésor spirituel de l'Église, c'est-à-dire le Christ lui-même, lui notre Pâque, lui le Pain vivant, lui dont la chair, vivifiée par l'Esprit Saint et vivifiante, donne la vie aux hommes, les invitant et les conduisant à offrir, en union avec lui, leur propre vie, leur travail, toute la création. On voit donc comment l'Eucharistie est bien la source et le sommet de toute l'évangélisation : tandis que les catéchumènes sont progressivement conduits à y participer, les chrétiens, déjà marqués par le baptême et la confirmation, trouvent, en recevant l'Eucharistie, leur insertion plénière dans le corps du Christ.

Presbyterorum Ordinis, 5. Voir aussi d'autres textes du Concile : Lumen Gentium, 11 ; Unitatis Redintegratio, 15 ; Christus Dominus, 30 ; Apostolicam actuositatem, 3.

La catéchèse ayant pour but de faire rencontrer le Christ vivant et d'insérer le fidèle dans le Corps du Christ, on comprend que la vigile pascale puisse éclairer son chemin : voir le sommet de la montagne peut aider à choisir le sentier qui y conduit ! L'Eucharistie pascale est donnée comme source et sommet de toute évangélisation réelle : dans la nuit entre le samedi et le dimanche, l'Église célèbre la Pâque du Christ, son passage de la mort à la vie pour enfanter une humanité nouvelle, vivant de sa propre vie avec la force de l'Esprit Saint. Alors que le Christ passe de la mort à la vie, le néophyte peut chanter la victoire du Christ dans sa propre vie et son action de grâce au Père marque son entrée dans la vie éternelle.

Avec les évêques de la Conférence épiscopale nous vous disons :

Allons au cœur de la foi. Allons là où bat le cœur de nos communautés. Que les catéchistes tiennent bon dans la mission qui leur est confiée. Que tous les membres du peuple de Dieu prennent leur part de service et de responsabilité. « Allez, dit le Ressuscité. Allez, je suis avec vous tous les jours. »

Allons avec confiance !

Pour vous permettre ce chemin, voici l'instrument de travail que nous vous proposons.

III

Instrument de travail offert aux communautés chrétiennes

Allons au cœur de la foi tel que la veillée pascale nous le fait vivre, pour que ce détour renouvelle notre regard sur la responsabilité catéchétique.

Ce document est simple. Il évoque l'expérience faite par les fidèles lors de la veillée pascale, propose une réflexion sommaire sur cette expérience et pose des questions à la lumière de celle-ci sur la catéchèse. La démarche proposée est une sorte « d'amorce pour la réflexion ». La contemplation du mystère pascal peut largement dépasser ces quelques « indications »…

Première étape

Lumière au cœur du monde

Ce que la célébration de la veillée pascale nous fait vivre

Il fait nuit. Tout commence à l'extérieur de l'église, sur la place, au milieu des passants. Autour de la chaleur d'un feu s'illuminent doucement les visages de tous ceux qui ont bien voulu s'approcher.

Voici qu'avec une flamme de ce feu nouveau on allume le grand cierge pascal. Tout le monde alors se met en marche derrière cette lumière. Une procession se forme au son d'une acclamation qui en rythme la progression : « Lumière du Christ ! »

Cette nuit-là, la parole de Jésus à ses disciples prend toute son importance : « C'est moi la lumière du monde. Celui qui me suit ne marchera pas dans les ténèbres, mais il aura la lumière de la vie » (Jn 8, 12). Et c'est ainsi que nous entrons dans l'église : chacun allumant son cierge à la lumière du cierge pascal.

Dans l'église illuminée par les flammes de nos bougies, nous nous tenons alors devant Dieu pour lui dire toutes les raisons que nous avons de le chanter. Les yeux fixés sur Lui, nous célébrons en Jésus mort et ressuscité Celui qui illumine notre nuit.

« Christ, notre lumière ! C'est Toi qui éclaires ! C'est toi qui réchauffes ! C'est Toi qui rayonnes ! C'est Toi qui purifies ! C'est Toi qui transfigures ! C'est Toi qui ressuscites ! [1] »

---

[1] Texte de Joseph Gelineau

AU CŒUR DE LA FOI

Dehors. C'est là que les hommes vivent. Nous nous y trouvons, chacun avec ce qu'il est, partageant avec tous les mêmes ténèbres. Un croyant n'est pas quelqu'un qui est déjà « arrivé », il est frère en humanité de tous ceux qui, dans le monde, tâtonnent et cherchent leur chemin.

Un don fait à tous. Nous ne sommes pas rassemblés à notre initiative. C'est une lumière qui nous rassemble : la présence active du Christ mort et ressuscité. La possibilité d'un compagnonnage avec lui est offerte, à tous et à chacun, comme une lumière qui attire dans la nuit. Où que nous soyons, où que nous en soyons de notre vie, nous pouvons nous tourner vers elle.

Un passage à faire. Nous sommes rassemblés à l'extérieur, mais ce n'est pas pour y rester. L'invitation se précise : une invitation non pas à écouter ou regarder. Une invitation à entrer. Comme on accepte de sauter par-dessus un ruisseau pour aller de l'autre côté, il y a un bond à vivre, un bond vers le Christ mort et ressuscité, un bond vers celui qui ouvre la route. Il s'agit de quitter une situation pour aller vers une autre.

La marche. Elle est invitation à prendre place dans le peuple de tous ceux qui suivent le Christ. La vie chrétienne en effet ne se définit pas d'abord par un état (on est chrétien ou on ne l'est pas), mais par une action : les chrétiens s'engagent dans l'existence en marchant derrière le Christ.

Dans la louange. Cette nuit-là, il est évident que nous ne sommes pas des étrangers pour Dieu : notre foi nous pousse à tutoyer Dieu. Nous n'avons pas à nous demander comment nous pourrions rendre Dieu bienveillant à notre égard. Nous Le remercions de l'être déjà, et pour toujours. Nous nous tournons vers Lui comme vers quelqu'un qui sauve.

POUR RENOUVELER NOTRE PRATIQUE DE LA CATÉCHÈSE

1. Des personnes arrivent d'ailleurs. Elles ont été attirées. Elles frappent à la porte avec une demande précise. Elles viennent parce qu'elles se posent toutes sortes de questions : sous le coup d'une souffrance, à l'occasion d'une naissance, parce que leur enfant va au catéchisme et qu'elles-mêmes n'y sont jamais allées... Avez-vous été témoins de cela ? Comment votre communauté chrétienne entend-elle,

relaie-t-elle ces appels et demandes ? Par quelles initiatives leur porte-t-elle attention ?

2. D'autres ne font que passer. Ils viennent pour une occasion ponctuelle et repartent. Ils reviendront peut-être un autre jour. Pour le moment ils viennent voir. Mais ils ne sont pas prêts à entrer dans une démarche. Avez-vous déjà élaboré des propositions spécifiques pour eux ? À votre avis, à quoi faut-il veiller pour les respecter ?

3. Certains ne viennent pas. Que dire à celui qui ne voit pas vivre, prier, célébrer une communauté croyante ? On ne pourra jamais lui expliquer ce qu'il n'a pas expérimenté. Si la catéchèse se préoccupait de ce que des gens puissent « voir une lumière », entrevoir quelque chose d'intéressant pour leur vie, que devrait-elle proposer ?

4. L'activité catéchétique se déploie au cœur de nos villes et de nos villages. Pour vous, la communauté chrétienne a-t-elle la responsabilité de faire des propositions dans l'espace public ? Comment faire ? Quels aspects faudrait-il développer pour que l'offre catéchétique soit vraiment destinée à tous ? Dans quels domaines est-ce important ? Quels moyens seraient nécessaires ?

5. Comment la catéchèse peut-elle tenir compte des cultures contemporaines ? À quelles conditions, par quels langages nouveaux, en se dotant de quels moyens de communication peut-elle entrer en dialogue avec elles ? Quelles recommandations voudriez-vous faire à cet égard ?

Deuxième étape

Une Parole vivante

Ce que la célébration de la veillée pascale nous fait vivre

Le cierge pascal est planté haut sur son chandelier. Maintenant on peut écouter, écouter encore et encore, pourquoi cette nuit est pour nous chrétiens « la nuit de vrai bonheur ».

Voilà pour commencer la toute première page de la Bible (Gn 1, 1-2, 2). Elle raconte comment Dieu place l'homme au sommet de l'univers. « *Pour toi* la lumière repousse les ténèbres qui t'entourent, *pour toi* le ciel s'illumine à la clarté variée du soleil, de la lune et des étoiles, *pour toi* la terre est émaillée de fleurs, de forêts et de fruits, *pour toi* fut créée l'étonnante multiplicité des être vivants.[2] » Chaque homme et chaque

[2] Saint Pierre Chrysologue (380-450), Sermon 148.

femme ont donc du prix aux yeux de Dieu ! Au moment où nous célébrons Jésus qui est passé par la mort, *pour nous* et *pour tous* les hommes, quel appel à le croire ! « Bénis le Seigneur, ô mon âme », répondons-nous avec un psaume de la Bible.

Mais peut-on accrocher sa vie à cette annonce si tout porte à croire l'inverse ? Arrive le terrible épisode où Dieu demande à Abraham d'immoler son fils (Gn 22, 1-13.15-18). Comment ne pas frémir ! Mais en écoutant l'histoire d'Abraham qui traverse cette crise de confiance, il devient justement clair que Dieu jamais ne revient sur sa promesse de vie. Jésus mort et ressuscité libère du vertige de croire que Dieu est du côté de la mort ! « Mon Dieu, j'ai fait de toi mon refuge. Tu m'apprends le chemin de la vie », disons-nous avec un nouveau psaume de la Bible.

Impossible alors de ne pas écouter l'histoire que vécut le peuple d'Israël en Égypte : Dieu lui fit traverser la mer Rouge à pied sec pour le libérer de l'emprise du cruel Pharaon (Ex 14, 15-15, 1). Comme le peuple jadis s'était laissé conduire par une nuée de feu, ne venons-nous pas de marcher derrière une lumière qui nous ouvrait la route ? La même promesse de liberté est donc en germe dans le chemin que nous faisons à la suite du Christ mort et ressuscité. Un autre psaume devient alors tout naturellement notre prière : « Ma force et mon chant, c'est le Seigneur. Il est pour moi le salut. »

Le temps est maintenant venu d'écouter les prophètes. Le premier d'entre eux évoque une confidence que Dieu murmure à son peuple avec infiniment de douceur (Is 54, 5-14) : sur le chemin il y aura des crises, des moments difficiles, mais « même si les montagnes changeaient de place, même si les collines s'ébranlaient, mon amour pour toi ne changera pas ».

Vient ensuite un prophète qui rappelle le souci de Dieu pour tous ceux qui cherchent (Is 55, 1-11) : « Vous tous qui avez soif, venez [...] Même sans argent, venez [...] Mangez de bonnes choses... écoutez et vous vivrez. » Et puis, un autre prophète évoque comment Dieu prend toujours l'initiative de venir à notre rencontre (Ez 36, 16-28) : il vous arrivera de reculer et même de vous tromper. Moi, dit le Seigneur, « je verserai sur vous une eau pure et vous serez purifiés [...], je vous donnerai un cœur nouveau, je mettrai en vous un esprit nouveau. » Notre prière se coule alors dans un nouveau psaume : « Voici le Dieu qui me sauve : j'ai confiance, je n'ai plus de crainte. »

Maintenant les cloches peuvent sonner, et le chant du *Gloire à Dieu* résonner. Comment en effet ne pas se réjouir ensemble de ce lien actif que Dieu, toujours, entretient à notre égard.

Voici encore l'apôtre Paul ; il s'adresse à la communauté chrétienne de Rome (Rm 6, 3-11). Nous ne nous souvenons pas seulement de toutes les annonces et promesses de la Bible. Nous en sommes contemporains et bénéficiaires par le baptême : celui qui est baptisé n'est plus livré à lui-même. Il est comme « incorporé », rattaché au Christ mort et ressuscité.

Après cela, comment ne pas se lever, pour prendre la pleine mesure de la dynamique ainsi imprimée à nos existences ? Dans l'Évangile, nous écoutons justement les femmes venues au tombeau de Jésus annoncer le don qui nous est fait : celui qui est mort et ressuscité nous précède sur le chemin de nos vies. « Alléluia », nous fait chanter un dernier psaume. « La pierre qu'ont rejetée les bâtisseurs est devenue la pierre d'angle. » Sur elle, chacun peut s'adosser pour risquer l'aventure de sa vie.

Enfin voici l'homélie : le prêtre en quelques minutes donne le sens de ce qui vient d'être célébré et proclamé ; il fait résonner la Parole de Dieu pour qu'elle pénètre profondément dans le cœur de ceux qui écoutent et y déploie toute l'actualité de la vie du Christ ressuscité.

Au cœur de la foi

C'est long. Cette nuit-là, on consacre plus de temps que d'habitude à lire la Bible. Non seulement il y a plusieurs lectures mais elles sont longues ! Elles évoquent parfois des réalités que nous pouvons entendre et d'autres que nous ne comprenons pas vraiment. C'est que notre oreille a besoin d'être façonnée par ce qu'elle écoute. La Parole de Dieu est pleinement goûtée par celui qui la fréquente longuement.

Accueillir. Écouter, c'est autre chose qu'étudier. Quand on écoute, on entre dans un processus de transformation. On ne cherche pas à retrouver ce qu'on connaît déjà. On écoute pour se nourrir de ce qu'on entend. Celui qui écoute accepte d'être déplacé dans son regard, renouvelé au-dedans. Il consent à devenir différent à force d'écouter.

Une histoire à habiter. Autrefois, au cours de veillées nocturnes, les villageois aimaient écouter les anciens raconter leur histoire de famille commune. Lorsque nous ouvrons le livre qui raconte l'histoire entre Dieu et son peuple, nous prenons pied dans la famille de tous ceux à qui Dieu se révèle dans la richesse de ses dons. Cette famille devient la nôtre.

Une symphonie. Quand Dieu parle, il le fait par la médiation des événements qui ont fait l'histoire du peuple de la Bible, par la voix des prophètes et sages d'Israël qui nous font entrevoir sa passion pour l'homme, par les apôtres qui nous encouragent dans notre vie de disciples. D'un bout à l'autre de la Bible, les textes ainsi se répondent et s'éclairent mutuellement. Mais la Parole vivante de Dieu, c'est surtout Jésus lui-même. C'est à partir de Lui que tout prend densité et saveur.

Un dialogue. Nous écoutons mais nous ne sommes pas spectateurs. Invitation nous est faite de répondre. Non pas chacun avec ses propres demandes et attentes, mais avec la réponse de la Bible elle-même : le chant des psaumes. Nous reprenons à notre compte et faisons nôtre une prière qui nous précède.

Pour renouveler notre pratique de la catéchèse

1. La Parole de Dieu est normalement proclamée au peuple rassemblé, dans une assemblée. Dans notre tradition catholique, c'est en tout cas là son lieu naturel. Prenez le temps de vous raconter des situations où la Parole de Dieu, lue et écoutée ensemble, a pris sens, saveur. En quoi ces expériences sont-elles heureuses pour vous ?

2. Nous nous situons dans un monde qui est saturé d'informations de toutes sortes. Pensez-vous qu'il y a des lieux, des moments, des conditions plus propices que d'autres à l'accueil de la Parole de Dieu ? Les avez-vous repérés dans la vie de votre communauté chrétienne ? Comment sont-ils accessibles à tous ?

3. La Parole de Dieu nous est confiée pour que nous la proposions, nous la transmettions. Il s'agit que d'autres aussi puissent entendre et découvrir le visage du Dieu qui leur parle comme à nous. Comment pensez-vous assumer cette responsabilité ?

4. La veillée pascale est présidée par un prêtre et c'est par son « ministère » que la Parole de Dieu nous parvient. Aujourd'hui il peut arriver que la place du prêtre ne soit pas facile à expliquer à des non-chrétiens, ou même à des chrétiens. Quelle place a-t-il pour vous, pour votre communauté chrétienne… et en particulier quelle place a-t-il dans l'annonce de la Parole de Dieu ?

5. La catéchèse puise aujourd'hui de manière importante dans la Parole de Dieu. Avez-vous observé la fécondité de cette démarche ? Avez-vous constaté que des enfants, des jeunes, des adultes en étaient nourris ? Les avez-vous entendu puiser dans quelque chose qu'ils avaient mémorisé ? Connaissez-vous des exemples où cette fréquentation de la Parole de Dieu s'est traduite par des choix personnels ?

6. En catéchèse arrivent aujourd'hui des personnes pour qui le langage biblique est étrange, obscur, incompréhensible… Si vous avez observé ce décalage, quelles réflexions vous inspire-t-il ? Quels moyens concrets proposez-vous pour répondre à ce défi ?

Troisième étape

Saisis par le Christ

Ce que la célébration de la veillée pascale nous fait vivre

Autour de la cuve baptismale commence maintenant un long dialogue. D'abord avec le peuple invisible de tous ceux qui nous ont précédés dans la vie de foi. Ils ont conformé leur existence à la Parole de Dieu et nous leur demandons de nous entraîner nous-mêmes sur ce chemin : « Vous tous, saints et saintes de Dieu, priez pour nous ! »

Ainsi reliés à une famille qui dépasse largement notre groupe, nous pouvons alors entendre la question qui est posée à ceux et celles qui vont être baptisés et confirmés : veux-tu être de cette famille croyante, veux-tu être de ce peuple qui suit le Christ mort et ressuscité ?

Pour eux, une nouvelle parole de Jésus prend de l'importance : « Personne ne peut servir deux maîtres. Ou il aimera l'un et délaissera l'autre, ou il délaissera l'un et aimera l'autre » (Mt 6, 24). Ceux qui vont être baptisés doivent se situer : « Pour vivre dans la liberté des enfants de Dieu, es-tu prêt à dire non au péché ? » ; « Pour échapper au pouvoir du péché, es-tu prêt à dire non à ce qui conduit au mal ? » ; « Pour suivre Jésus le Christ, es-tu prêt à dire non au Satan qui est l'auteur du péché ? » Choisir de suivre le Christ demande de renoncer à tout ce qui emmènerait loin de Lui.

Chacun de ceux qui sont interrogés dit alors « je crois ». Ils sont baptisés « au nom du Père, et du Fils, et du Saint-Esprit », car il n'est pas possible de s'engager dans une vie de foi sans se laisser prendre à l'amour prévenant et fidèle que Dieu nous offre d'accueillir ; ils sont confirmés, marqués du don de Dieu, car il n'est pas possible de choisir le Christ sans se fonder sur la présence agissante de l'Esprit Saint qui nous y entraîne.

Comment rester extérieur ? La foi des uns appelle la foi des autres ! Ce mouvement de la foi concerne tout le monde, ceux qui sont déjà baptisés et confirmés également. La flamme des cierges que chacun tient à la main illumine à nouveau l'église.

Tous, debout, poursuivent le dialogue : « Celui que vous avez choisi de suivre, nous aussi nous croyons en Lui. Notre vie repose sur la même assurance : par le baptême nous sommes déjà libérés de tout ce à quoi nous sommes appelés à dire “non” ».

Nous sommes alors tous aspergés par l’eau du baptême et nous traçons sur nous le signe de la Croix. Ce geste est plus expressif que toutes les paroles.

AU CŒUR DE LA FOI

Un soutien. Quelqu’un qui adhère au Christ n’est jamais le premier à croire. Quand il fait ce choix, il se découvre inséré dans la longue chaîne des croyants qui s’y sont déjà risqués avant lui. Il ne prend donc jamais seul le chemin du disciple. Il y reçoit des frères et des sœurs au centuple.

Une responsabilité. Une célébration de baptême et de confirmation appelle toujours un engagement de la communauté chrétienne entière : accueillir, porter, se sentir responsable de ce qui est en train de naître, laisser place à la nouveauté apportée par celui ou celle qui arrive. Qui suit le Christ doit pouvoir compter sur la prière de toute l’Église.

Une foi sacramentelle. Le choix d'adhérer au Christ entraîne des implications très concrètes pour la vie. Mais la foi n'est pas seulement un effort de volonté. Tout ne vient pas de soi. Le Christ lui-même est l'origine de tout. C'est lui qui nous saisit et nous propulse à sa suite. Nous disons « oui » à celui qui fait avec nous le chemin. Sinon, comment tenir ?

POUR RENOUVELER NOTRE PRATIQUE DE LA CATÉCHÈSE

1. Des parents ne trouvent pas toujours important que leur enfant soit baptisé. « Il choisira lui-même, plus tard », disent-ils. D'autres viennent demander le baptême sans arriver parfois à formuler pourquoi ils font cette démarche. Plus largement, beaucoup d'adultes aujourd'hui considèrent qu'il est possible de croire sans célébrer les sacrements. Cette situation vous atteint-elle ? Quelle place donnez-vous aux sacrements dans la vie croyante ?

2. Des gens de tous âges et de tout chemin reçoivent les sacrements. Ils ne correspondent pas forcément à un profil bien typé. Ils viennent d'ailleurs. Ils ne sont pas insérés dans nos cadres. Comment vivez-vous cet état de fait ? Leur

« différence » vous dit-elle quelque chose de ce qu'est la vie avec Dieu ? Leur présence vous invite-t-elle à innover dans la responsabilité d'acheminer vers les sacrements ?

3. La situation actuelle questionne tout particulièrement une organisation catéchétique calée sur des âges précis, avec des parcours qui s'étalent sur plusieurs années, selon une progression définie d'avance… Y a-t-il dans vos paroisses d'autres propositions catéchétiques que celle qui existe pour le catéchisme des enfants ? Quelles sont les autres demandes que vous percevez ? Dans quelles situations, à quelles occasions s'expriment-elles ? Que vous semble-t-il important de promouvoir comme initiative ?

4. Beaucoup découvrent le Christ progressivement et tous ont besoin de temps pour se convertir. Quels sont les accents que doit comporter la catéchèse pour rendre possible ce cheminement, susciter l'intérêt ? Comment faire pour que nos communautés chrétiennes accompagnent et soutiennent ceux qui sont en chemin ? Quels changements, quelles conversions sont-elles appelées à vivre pour permettre l'accompagnement des catéchisés ?

Quatrième étape

Devenir le corps du Christ

Ce que la célébration de la veillée pascale nous fait vivre

C'est vers l'autel que tout converge maintenant. C'est là en effet que nous nous unissons au chemin que Jésus a fait en passant par la mort. Là surtout, nous avons part à la promesse de vie que ce chemin porte en germe pour chacun de nous.

Nous apportons d'abord du pain et du vin, le « fruit de la terre et du travail des hommes ». Nous présentons ainsi à Dieu ce que nous sommes et ce que nous devenons, pour joindre cette offrande à ce que Jésus voulait le plus avant de mourir : se donner lui-même, pour que rien jamais ne nous sépare de Lui et du Père qui veut nous aimer.

Voilà donc notre prière : envoie Seigneur ton Esprit, pour que le pain et le vin de nos vies humaines deviennent le corps et le sang du Christ, l'offrande de sa propre vie, et qu'ainsi « notre vie ne soit plus à nous-mêmes mais à Lui qui est mort et ressuscité ». Tout est prêt maintenant. Par le ministère du prêtre, nous pouvons joindre notre action de grâce à celle qui habitait le Christ la nuit où il fut livré : alors qu'il allait rompre le pain pour le donner à ses amis, « il leva les yeux et rendit grâce » à son Père. C'est bien pour nous et pour la multitude qu'il choisit d'aimer jusqu'au bout. C'est pour nous et pour tous les hommes qu'il fait l'offrande de sa vie. C'est pour que notre humanité soit à jamais libérée du péché qu'il se dépouille de lui-même.

Un don nous est fait. Il nous agrège les uns aux autres parce qu'il est pareillement offert à tous, aujourd'hui et pour toujours. Mais en même temps nous attendons le jour où le Christ lui-même viendra en déployer complètement la force. Les yeux fixés sur cet horizon, nous demandons alors à Dieu d'envoyer son Esprit sur le rassemblement très concret que nous représentons : « Qu'il fasse de nous un seul corps et un seul esprit dans le Christ. »

La prière du Notre Père vient à nos cœurs et à nos lèvres ! Elle atteste justement que nous avons tous reçu de partager la même dignité, celle des fils. Comment ne pas laisser « la paix du Christ » circuler entre nous ! Elle est le ciment de notre unité. Mais c'est lorsque nous communions au même Pain que nous devenons vraiment ce que nous sommes : le corps du Christ.

AU CŒUR DE LA FOI

Le secret d'un chemin. Cette nuit-là se trouvent réunies dans une même dynamique à la fois la mort de Jésus et sa résurrection. Cette nuit-là en effet le secret de Jésus vient en pleine lumière : une totale solidarité avec les hommes qui le conduit à aimer jusqu'à la croix et un attachement à son Père que rien ni personne n'a pu atteindre ni casser.

La force d'un chemin. Cette nuit-là se joue notre acte de naissance comme « communauté chrétienne ». C'est en effet dans notre lien au Christ mort et ressuscité que s'enracine notre rassemblement de « fidèles ». Nous ne sommes pas ensemble parce que nous l'aurions nous-mêmes décidé ou choisi, mais parce que nous avons part les uns et les autres au chemin de Jésus et à ses fruits.

Le désir de Dieu. Chacune de nos communautés, même modeste, a vocation à être l'image vivante du désir de Dieu pour le monde : que tous soient rassemblés en Lui, comme fils et frères. Ce n'est donc pas d'abord ce qu'une communauté chrétienne exprime qui la rend attrayante ou « parlante », mais l'attention mutuelle qui y est visiblement vécue et les relations fraternelles qu'on peut y expérimenter.

POUR RENOUVELER NOTRE PRATIQUE DE LA CATÉCHÈSE

1. Certaines personnes ne voient pas quel est l'intérêt d'une communauté chrétienne pour vivre leur foi. Elles ont parfois pris « leurs distances ». Parfois elles se sont progressivement détachées de tout environnement ecclésial. D'autres n'ont pas grandi dans l'Église. Elles ont encore à en faire l'expérience. D'autres encore, pour garder toute leur liberté, veillent à ne pas se « laisser prendre » par la vie ecclésiale. Comment permettre à ces personnes de nouer ou renouer avec une communauté chrétienne ? Quels projets avez-vous déjà élaborés pour leur en donner le goût ?

2. Quels moyens faudrait-il développer pour que des personnes accueillies en catéchèse reconnaissent appartenir « au corps », à la famille ? Quels obstacles ou résistances avez-vous identifiés chez ceux qui découvrent la vie de foi ? Quelles sont les passerelles qui pourraient faciliter leur participation à la vie de la communauté ?

3. Beaucoup de nos communautés chrétiennes sont aujourd'hui dispersées ou regroupées dans des ensembles plus vastes. Que devient le tissu des relations de proximité sans

lesquelles il n'y a pas de vie ecclésiale visible et parlante ? Qu'avez-vous déjà expérimenté pour réussir à relier l'activité catéchétique aux efforts d'échange, d'entraide et de service mutuel qui font aussi partie de la vie des communautés chrétiennes ?

4. Dans une communauté chrétienne il y a nécessairement des personnes aux maturités différentes. Un enfant ne vit pas les choses comme un adulte. Un jeune n'a pas les mêmes besoins, ni les mêmes langages qu'un adulte. Pourtant, l'un et l'autre portent des questions et des aspirations profondes. Par quelles initiatives favorisez-vous la participation de chacun à la vie ecclésiale ? Quelle place leur faites-vous, pour qu'ils puissent s'y exprimer à la mesure de leur maturité propre ?

5. Nous portons souvent douloureusement la question du petit nombre de participants à la célébration eucharistique. Comment se manifeste chez vous le souci de ceux qui ne sont pas là ? Avez-vous créé des espaces où d'autres puissent venir ? Quels types nouveaux d'organisation et de temps pour la catéchèse peut-on imaginer pour éviter que la communauté ne se replie sur elle-même ?

Envoi

La célébration s'est achevée sur un dernier Alléluia. C'est le petit matin et le monde n'est pas différent. Nous repartons là d'où nous sommes venus. Mais nous y retournons, forts de l'itinéraire que la veillée pascale nous a fait parcourir. Une bénédiction nous est donnée pour la route : « Que demeure en vous la grâce de Dieu, la grâce pascale qu'il vous offre aujourd'hui. Qu'elle vous protège de l'oubli et du doute. » Avec une intensité particulière résonne alors cette parole de Jésus : « Comme le Père m'a envoyé, moi aussi je vous envoie » (Jn 20, 21).

1. Les quatre étapes de la veillée pascale nous invitent à vivre le cœur de la foi. Avez-vous le sentiment que la démarche proposée par ce document a opéré des transformations en vous ? Qu'est-ce qui s'est éclairé, renforcé, construit ? Par quoi avez-vous été touchés ?

2. Nous avons été invités à nous laisser guider par cette célébration de la veillée pascale. En quoi cette démarche vous a-t-elle relancé ou stimulé dans votre responsabilité pour proposer la foi ? Vous a-t-elle amené à poser un regard neuf sur l'activité catéchétique ? Quelle place donnez-vous maintenant à la catéchèse dans la vie de votre communauté chrétienne ?

IV

ÉCRIVEZ-NOUS

Nous vous serions reconnaissants de nous faire part de votre réflexion et éventuellement des idées de mise en œuvre qu'elle vous suggère. Mais nous recevrons volontiers aussi des propositions que vous auriez élaborées avec d'autres méthodes.

Le chemin que nous vous avons proposé s'achève.

Certes, nous sommes impatients d'accueillir ce que l'Esprit nous dira par vos témoignages, réponses et suggestions : nous avons à construire et les matériaux que vous nous apporterez nous sont essentiels.

L'ensemble de vos envois doivent être faits avant Pâques 2004 au plus tard, à :

« Aller au cœur de la foi »
Secrétariat général de la Conférence des évêques de France
106, rue du Bac
75341 Paris Cedex 07

Dans leur lettre, les évêques ajoutent :
Dans les jeunes Églises, c'est tout naturellement que la nuit pascale est le point culminant de l'année, la première des fêtes. Cette nuit-là, au terme des quarante jours de Carême, après avoir traversé la célébration de la Croix, les communautés chrétiennes se rassemblent pour le baptême des nouveaux croyants. Mais la célébration qui les rassemble les enracine elle-même dans le compagnonnage avec le Christ mort et ressuscité. Dans nos « vieilles » chrétientés, nous ne pourrons sans doute répondre aux défis posés à la catéchèse que si nous replongeons dans la nouveauté qu'apporte la foi chrétienne.

C'est à cette plongée que nous vous avons invités.
Vos réponses serviront à bâtir la catéchèse de demain et à écrire le document qui fera suite au *Directoire de la catéchèse*, publié par les évêques de France en 1964, *Directoire* qui proposait les buts,

les méthodes, les moyens et l'organisation de la catéchèse en France... et qui avait été actualisé par le *Texte de référence* en 1979. Nous serons heureux si notre méditation commune nous conduit ensemble à redécouvrir plus profondément le don de Dieu.

Jean-Paul II, s'adressant à tous les fidèles, écrivait à la suite du Synode sur les laïcs :

Au terme de ces réflexions, destinées à définir la condition ecclésiale du fidèle laïc, nous revient à la mémoire la célèbre interpellation de saint Léon le Grand : « Reconnais, ô Chrétien, ta dignité. » C'est ce que dit aussi saint Maxime, évêque de Turin, en s'adressant à ceux qui avaient reçu le baptême : « Considérez l'honneur qui vous est fait dans ce mystère ! » Tous les baptisés sont invités à écouter une fois encore les paroles de saint Augustin : « Réjouissons-nous et remercions : nous sommes devenus non seulement des chrétiens, mais le Christ... Soyez dans la stupeur et la joie : nous sommes devenus Christ ! »

Christifideles laici, 17.

Réjouissons-nous et remercions !

La catéchèse ne sera, au cœur de notre monde, signe de la nouveauté qu'apporte le Christ que si elle naît de notre joie et de notre action de grâce.

Achevé d'imprimer en juin 2003
par Normandie Roto Impression s.a.s.
61250 Lonrai
N° d'impression : 031509
Dépôt légal : février 2003

Imprimé en France